My Year Of
2020

Name _____

January

Sun	Mon	Tue	Wed	Thu	Fri	Sat
			1	2	3	4
5	6	7	8	9	10	11
12	13	14	15	16	17	18
19	20	21	22	23	24	25
26	27	28	29	30	31	

January 1, 2020

January 2, 2020

January 3, 2020

January 4, 2020

January 5, 2020

January 6, 2020

January 7, 2020

January 8, 2020

January 9, 2020

January 10, 2020

January 11, 2020

January 12, 2020

January 13, 2020

January 14, 2020

January 15, 2020

January 16, 2020

January 17, 2020

January 18, 2020

January 19, 2020

January 20, 2020

January 21, 2020

January 22, 2020

January 23, 2020

January 24, 2020

January 25, 2020

January 26, 2020

January 27, 2020

January 28, 2020

January 29, 2020

January 30, 2020

January 31, 2020

February

Sun	Mon	Tue	Wed	Thu	Fri	Sat
						1
2	3	4	5	6	7	8
9	10	11	12	13	14	15
16	17	18	19	20	21	22
23	24	25	26	27	28	29

February 1, 2020

February 2, 2020

February 3, 2020

February 4, 2020

February 5, 2020

February 6, 2020

February 7, 2020

February 8, 2020

February 9, 2020

February 10, 2020

February 11, 2020

February 12, 2020

February 13, 2020

February 14, 2020

February 15, 2020

February 16, 2020

February 17, 2020

February 18, 2020

February 19, 2020

February 20, 2020

February 21, 2020

February 22, 2020

February 23, 2020

February 24, 2020

February 25, 2020

February 26, 2020

February 27, 2020

February 28, 2020

February 29, 2020

March

Sun	Mon	Tue	Wed	Thu	Fri	Sat
1	2	3	4	5	6	7
8	9	10	11	12	13	14
15	16	17	18	19	20	21
22	23	24	25	26	27	28
29	30	31				

March 1, 2020

March 2, 2020

March 3, 2020

March 4, 2020

March 5, 2020

March 6, 2020

March 7, 2020

March 8, 2020

March 9, 2020

March 10, 2020

March 11, 2020

March 12, 2020

March 13, 2020

March 14, 2020

March 15, 2020

March 16, 2020

March 17, 2020

March 18, 2020

March 19, 2020

March 20, 2020

March 21, 2020

March 22, 2020

March 23, 2020

March 24, 2020

March 25, 2020

March 26, 2020

March 27, 2020

March 28, 2020

March 29, 2020

March 30, 2020

March 31, 2020

April

Sun	Mon	Tue	Wed	Thu	Fri	Sat
			1	2	3	4
5	6	7	8	9	10	11
12	13	14	15	16	17	18
19	20	21	22	23	24	25
26	27	28	29	30		

April 1, 2020

April 2, 2020

April 3, 2020

April 4, 2020

April 5, 2020

April 6, 2020

April 7, 2020

April 8, 2020

April 9, 2020

April 10, 2020

April 11, 2020

April 12, 2020

April 13, 2020

April 14, 2020

April 15, 2020

April 16, 2020

April 17, 2020

April 18, 2020

April 19, 2020

April 20, 2020

April 21, 2020

April 22, 2020

April 23, 2020

April 24, 2020

April 25, 2020

April 26, 2020

April 27, 2020

April 28, 2020

April 29, 2020

April 30, 2020

May

Sun	Mon	Tue	Wed	Thu	Fri	Sat
					1	2
3	4	5	6	7	8	9
10	11	12	13	14	15	16
17	18	19	20	21	22	23
24	25	26	27	28	29	30
31						

May 1, 2020

May 2, 2020

May 3, 2020

May 4, 2020

May 5, 2020

May 6, 2020

May 7, 2020

May 8, 2020

May 9, 2020

May 10, 2020

May 11, 2020

May 12, 2020

May 13, 2020

May 14, 2020

May 15, 2020

May 16, 2020

May 17, 2020

May 18, 2020

May 19, 2020

May 20, 2020

May 21, 2020

May 22, 2020

May 23, 2020

May 24, 2020

May 25, 2020

May 26, 2020

May 27, 2020

May 28, 2020

May 29, 2020

May 30, 2020

May 31, 2020

June

Sun	Mon	Tue	Wed	Thu	Fri	Sat
	1	2	3	4	5	6
7	8	9	10	11	12	13
14	15	16	17	18	19	20
21	22	23	24	25	26	27
28	29	30				

June 1, 2020

June 2, 2020

June 3, 2020

June 4, 2020

June 5, 2020

June 6, 2020

June 7, 2020

June 8, 2020

June 9, 2020

June 10, 2020

June 11, 2020

June 12, 2020

June 13, 2020

June 14, 2020

June 15, 2020

June 16, 2020

June 17, 2020

June 18, 2020

June 19, 2020

June 20, 2020

June 21, 2020

June 22, 2020

June 23, 2020

June 24, 2020

June 25, 2020

June 26, 2020

June 27, 2020

June 28, 2020

June 29, 2020

June 30, 2020

July

Sun	Mon	Tue	Wed	Thu	Fri	Sat
			1	2	3	4
5	6	7	8	9	10	11
12	13	14	15	16	17	18
19	20	21	22	23	24	25
26	27	28	29	30	31	

July 1, 2020

July 2, 2020

July 3, 2020

July 4, 2020

July 5, 2020

July 6, 2020

July 7, 2020

July 8, 2020

July 9, 2020

July 10, 2020

July 11, 2020

July 12, 2020

July 13, 2020

July 14, 2020

July 15, 2020

July 16, 2020

July 17, 2020

July 18, 2020

July 19, 2020

July 20, 2020

July 21, 2020

July 22, 2020

July 23, 2020

July 24, 2020

July 25, 2020

July 26, 2020

July 27, 2020

July 28, 2020

July 29, 2020

July 30, 2020

July 31, 2020

August

Sun	Mon	Tue	Wed	Thu	Fri	Sat
						1
2	3	4	5	6	7	8
9	10	11	12	13	14	15
16	17	18	19	20	21	22
23	24	25	26	27	28	29
30	31					

August 1, 2020

August 2, 2020

August 3, 2020

August 4, 2020

August 5, 2020

August 6, 2020

August 7, 2020

August 8, 2020

August 9, 2020

August 10, 2020

August 11, 2020

August 12, 2020

August 13, 2020

August 14, 2020

August 15, 2020

August 16, 2020

August 17, 2020

August 18, 2020

August 19, 2020

August 20, 2020

August 21, 2020

August 22, 2020

August 23, 2020

August 24, 2020

August 25, 2020

August 26, 2020

August 27, 2020

August 28, 2020

August 29, 2020

August 30, 2020

August 31, 2020

September

Sun	Mon	Tue	Wed	Thu	Fri	Sat
		1	2	3	4	5
6	7	8	9	10	11	12
13	14	15	16	17	18	19
20	21	22	23	24	25	26
27	28	29	30			

September 1, 2020

September 2, 2020

September 3, 2020

September 4, 2020

September 5, 2020

September 6, 2020

September 7, 2020

September 8, 2020

September 9, 2020

September 10, 2020

September 11, 2020

September 12, 2020

September 13, 2020

September 14, 2020

September 15, 2020

September 16, 2020

September 17, 2020

September 18, 2020

September 19, 2020

September 20, 2020

September 21, 2020

September 22, 2020

September 23, 2020

September 24, 2020

September 25, 2020

September 26, 2020

September 27, 2020

September 28, 2020

September 29, 2020

September 30, 2020

October

Sun	Mon	Tue	Wed	Thu	Fri	Sat
				1	2	3
4	5	6	7	8	9	10
11	12	13	14	15	16	17
18	19	20	21	22	23	24
25	26	27	28	29	30	31

October 1, 2020

October 2, 2020

October 3, 2020

October 4, 2020

October 5, 2020

October 6, 2020

October 7, 2020

October 8, 2020

October 9, 2020

October 10, 2020

October 11, 2020

October 12, 2020

October 13, 2020

October 14, 2020

October 15, 2020

October 16, 2020

October 17, 2020

October 18, 2020

October 19, 2020

October 20, 2020

October 21, 2020

October 22, 2020

October 23, 2020

October 24, 2020

October 25, 2020

October 26, 2020

October 27, 2020

October 28, 2020

October 29, 2020

October 30, 2020

October 31, 2020

November

Sun	Mon	Tue	Wed	Thu	Fri	Sat
1	2	3	4	5	6	7
8	9	10	11	12	13	14
15	16	17	18	19	20	21
22	23	24	25	26	27	28
29	30					

November 1, 2020

November 2, 2020

November 3, 2020

November 4, 2020

November 5, 2020

November 6, 2020

November 7, 2020

November 8, 2020

November 9, 2020

November 10, 2020

November 11, 2020

November 12, 2020

November 13, 2020

November 14, 2020

November 15, 2020

November 16, 2020

November 17, 2020

November 18, 2020

November 19, 2020

November 20, 2020

November 21, 2020

November 22, 2020

November 23, 2020

November 24, 2020

November 25, 2020

November 26, 2020

November 27, 2020

November 28, 2020

November 29, 2020

November 30, 2020

December

Sun	Mon	Tue	Wed	Thu	Fri	Sat
		1	2	3	4	5
6	7	8	9	10	11	12
13	14	15	16	17	18	19
20	21	22	23	24	25	26
27	28	29	30	31		

December 1, 2020

December 2, 2020

December 3, 2020

December 4, 2020

December 5, 2020

December 6, 2020

December 7, 2020

December 8, 2020

December 9, 2020

December 10, 2020

December 11, 2020

December 12, 2020

December 13, 2020

December 14, 2020

December 15, 2020

December 16, 2020

December 17, 2020

December 18, 2020

December 19, 2020

December 20, 2020

December 21, 2020

December 22, 2020

December 23, 2020

December 24, 2020

December 25, 2020

December 26, 2020

December 27, 2020

December 28, 2020

December 29, 2020

December 30, 2020

December 31, 2020

Made in the USA
Monee, IL
25 January 2021